Commentaire

Par Julien Bourbiaux

Critique de la raison pure

La troisième antinomie de la raison

Kant

LePetitPhilosophe.fr

KANT

- **Né en 1724 à Königsberg**
- **Décédé en 1804 dans la même ville**
- **Quelques-unes de ses œuvres :**
    - *Critique de la raison pure* (1781)
    - *Critique de la raison pratique* (1788)
    - *Critique de la faculté de juger* (1790)

Issu d'un **milieu modeste**, Emmanuel Kant reçoit de sa mère une éducation morale très rigoureuse. Il passe toute sa vie en Prusse, à Königsberg, menant **une existence caractérisée par l'austérité et la régularité**. Dans la première partie de sa vie, Kant est influencé par les grands systèmes métaphysiques de philosophes tels que Gottfried Wilhelm Leibniz (1646-1716) et Christian von Wolf (1679-1754). Il s'en détache à partir de 1770 pour développer sa propre philosophie. Il publie la *Critique de la raison pure* en 1781, à l'âge de 57 ans. Suivront la *Critique de la raison pratique* (1788) et la *Critique de la faculté de juger* (1790) : il s'agit des trois œuvres principales du philosophe.

LA CRITIQUE DE LA RAISON PURE

UNE RÉVOLUTION DANS LA THÉORIE DE LA CONNAISSANCE

Dans la *Critique de la raison pure* (1781), la recherche kantienne porte sur la possibilité et le statut de la métaphysique. Grâce à Isaac Newton (1642-1727), la science s'est instituée en un domaine de connaissance offrant des certitudes objectives, valables universellement. Or, en ce qui concerne la métaphysique, les opinions oscillent perpétuellement entre dogmatisme et scepticisme. L'objectif de Kant consiste donc à redéfinir la métaphysique pour en faire une véritable science.

De plus, Kant opère une sorte de **« révolution copernicienne » dans la théorie de la connaissance** : auparavant, on jugeait que notre connaissance se réglait sur les objets, mais la *Critique de raison pure* soutient que ce sont les objets qui se règlent sur notre connaissance. Cela ouvre la voie de la doctrine kantienne de l'idéalisme transcendantal : tout objet de connaissance est façonné par notre propre faculté de connaitre, la raison. L'objet n'est pas une chose en soi, mais une représentation que nous nous faisons de lui (un phénomène). C'est dans le rapport entre nous (êtres doués de raison) et les objets que nous façonnons ces derniers.

MISE EN CONTEXTE

LES QUESTIONS AU FONDEMENT DE LA PHILOSOPHIE KANTIENNE

Dans la *Critique de la raison pure*, **Kant cherche à redonner toute sa force à la métaphysique**, en désuétude depuis le début du XVIIIᵉ siècle, en la constituant en une véritable science et non comme un ensemble de croyances irrationnelles. Pour ce faire, il limite l'usage scientifique de la raison à l'ordre des phénomènes sensibles. En d'autres termes, **il revoit à la baisse les prérogatives de la raison**. En cela, il désavoue la métaphysique traditionnelle qui prétendait accéder grâce à la raison à la connaissance objective des choses situées au-delà de l'expérience et des sens (Dieu, par exemple).

BON À SAVOIR

La **métaphysique** est la science des premiers principes de l'être en tant qu'être et des choses telles qu'elles sont en elles-mêmes.

Dans un premier temps, Kant pose la question suivante, qui commande toutes les autres : **que peut légitimement notre raison** ? Cette question se subdivise ensuite en trois interrogations principales :

- Que puis-je savoir ?
- Que dois-je faire ?

- Que m'est-il permis d'espérer ?

La première fait l'objet de la *Critique de la raison pure* : **Kant y développe une législation pour la raison et y trace les limites au-delà desquelles l'esprit humain ne doit pas s'aventurer afin d'accéder à la connaissance objective**. La philosophie critique de Kant apparait dès lors comme une science des limites : elle distingue clairement le connaissable du non connaissable. Quant à la seconde et à la dernière question, elles sont traitées dans les *Fondements de la métaphysique des mœurs* (1785), la *Critique de la raison pratique* (1788) et la *Critique de la faculté de juger* (1790).

Notons encore que la première question est d'ordre théorique : elle s'intéresse à la connaissance des choses. La seconde est pratique : elle ouvre le champ de l'action humaine. Enfin, la troisième est à la fois théorique et pratique. Le but ultime de Kant est finalement d'esquisser une réponse à une question à la fois anthropologique et philosophique : qu'est-ce que l'homme ?

UNE MÉTHODE CRITIQUE

Les objets traités par la métaphysique (Dieu, l'immortalité, la liberté, etc.) sont **des objets non empiriques de l'esprit humain**. Ils dénotent la capacité de celui-ci à produire des objets au-delà de toute expérience sensible. Autrement dit, l'homme a le pouvoir de confectionner des objets n'ayant pas de matérialité. Dès lors, ces objets ayant une forme, mais pas de matière peuvent-ils être l'objet d'une connaissance objective ? Non, selon Kant.

À propos de l'origine de la connaissance, deux courants de pensée s'opposent :

- **le rationalisme**, qui considère que l'origine de nos connaissances se situe dans l'esprit. Les choses sont perçues par l'esprit avant d'être saisies par les sens ;
- **l'empirisme**, qui considère que toutes nos connaissances dérivent de l'expérience. Les choses frappent les sens et déclenchent à postériori le fonctionnement rationnel aboutissant aux connaissances.

Kant veut dépasser cette opposition. Selon lui, « la voie critique seule est encore ouverte » (p. 688) pour trouver un juste milieu entre rationalisme et empirisme :

- le concept pur (la forme) de l'entendement a besoin de l'intuition sensible (la matière) pour être « rempli » ;
- l'intuition sensible a besoin du concept pur de l'entende-ment pour ne pas être « aveugle ».

Pour le philosophe, l'accession à la connaissance objective se fait sous ces conditions. Ainsi, **l'esprit et le corps sont tous deux les conditions de possibilité du savoir**. Kant refuse d'admettre comme vrai ce qui provient d'une thèse uniquement rationaliste ou uniquement empiriste. Il s'agit de mêler le concept de l'entendement et l'intuition sensible afin de rendre la connaissance objective. La critique kan-tienne a dès lors une fonction positive puisqu'elle consiste à **prévenir les erreurs d'une raison qui croit pouvoir ac-céder au savoir objectif sans avoir recours à l'expérience sensible**.

LA TROISIÈME ANTINOMIE DE LA RAISON DANS LA *CRITIQUE DE LA RAISON PURE*

Les **antinomies** sont des **contradictions de l'esprit humain**. Celles-ci proviennent des preuves apparentes que la raison avance en faveur de deux thèses contradictoires qui sont dès lors toutes deux considérées comme valables. En d'autres termes, les antinomies désignent le conflit de la raison avec elle-même.

Kant dénombre **quatre antinomies** qui se rapportent chacune à un objet différent :

- la première porte sur la finitude du monde ;
- la seconde s'interroge sur l'existence d'un être simple indivisible ;
- la troisième, qui fera l'objet de notre analyse ci-après, oppose l'idée de déterminisme (thèse selon laquelle tout arrive selon les lois de la nature) à l'idée de liberté (thèse selon laquelle la liberté côtoie la causalité).
- la quatrième questionne l'existence d'un être absolument nécessaire (Dieu).

Les antinomies sont abordées dans la partie de la *Critique de la raison pure* intitulée « La dialectique transcendantale ». Dans cette section de son œuvre, **Kant entend critiquer l'entendement et la raison**. Plus précisément, il met à jour l'erreur des jugements fondés uniquement sur les idées et les principes de la raison (usage transcendant de la raison) qui dépassent l'expérience et s'appliquent à des objets suprasensibles. C'est précisément cette erreur qui conduit aux antinomies.

La troisième antinomie interroge le rapport entre le conditionné, soit ce qui est déterminé par les lois de la nature, et l'inconditionné, soit ce qui relève de la liberté :

- la liberté est une idée façonnée par la raison sans condition externe, elle est à elle-même sa propre cause, c'est-à-dire qu'elle est inconditionnée. Néanmoins, elle se manifeste dans le champ pratique de l'action : le soleil me gêne, donc je me déplace. Ce mouvement résulte d'un choix libre. Ainsi, la liberté offre la possibilité d'une action indépendante des déterminations extérieures ;
- pourtant, l'action est soumise aux lois nécessaires de la nature. Lorsque je me déplace, mon corps ne peut se

soustraire aux lois de la pesanteur ou, par exemple, de la résistance.

En analysant cette antinomie, **Kant cherche à montrer la possibilité d'une conciliation entre la spontanéité propre à la liberté et la nécessité du monde sensible**. L'objectif est dès lors de dépasser la contradiction apparente entre liberté et nécessité.

TEXTE

LA TROISIÈME ANTINOMIE DE LA RAISON

On ne peut penser, à propos de ce qui arrive, que deux sortes de causalité, soit selon la nature, soit par liberté. La première consiste dans la liaison d'un état, dans le monde sensible, avec un état précédent auquel il succède suivant une règle. Or, dans la mesure où la causalité des phénomènes[1] repose sur des conditions temporelles, et que l'état précédent, s'il avait existé de tout temps, n'aurait pas produit un effet qui surgit pour la première fois dans le temps, la causalité de la cause de ce qui arrive ou commence d'être a elle aussi commencé d'être et elle requiert elle-même, conformément au principe de l'entendement, à son tour une cause.

Au contraire, j'entends par liberté, au sens cosmologique[2] du terme, le pouvoir d'inaugurer par soi-même un état – une liberté dont la causalité n'est donc pas à son tour soumise, selon la loi de la nature, à une autre cause qui la déterminerait suivant le temps. La liberté est en ce sens une pure Idée transcendantale[3] qui, premièrement, ne contient rien qui soit emprunté à l'expérience, et dont, deuxièmement, l'objet ne peut pas non plus être donné d'une façon déterminée

---

1. Selon Kant, les phénomènes sont des composés de matière et de forme, et sont objets de l'expérience sensible.
2. Ici, relatif à la série causale inaugurée dans l'ordre du monde.
3. Une Idée transcendantale est une idée qui ne se réfère pas à l'expérience sensible, mais à l'inconditionné, c'est-à-dire à ce qui dépasse toute expérience donnée. La liberté est en ce sens une idée n'ayant pas de référent sensible.

dans aucune expérience, parce que c'est une loi universelle, même pour la possibilité d'une quelconque expérience, que tout ce qui arrive, par conséquent aussi la causalité de la cause qui elle-même est intervenue ou a commencé d'être, doive posséder à son tour une cause ; ce par quoi alors le champ tout entier de l'expérience, aussi loin qu'il peut s'étendre, est transformé en un ensemble simplement naturel. Mais dans la mesure où, sur ce mode, on ne peut obtenir dans la relation causale aucune totalité absolue des conditions, la raison se forge l'Idée d'une spontanéité capable de commencer par elle-même d'agir sans qu'une autre cause ait dû intervenir préalablement pour la déterminer à son tour à l'action suivant la loi de l'enchainement causal. Il est particulièrement remarquable que ce soit sur cette Idée transcendantale de la liberté que se fonde le concept pratique de celle-ci, et que ce soit cette idée qui constitue, dans cette liberté, le moment véritable où se nouent les difficultés qui ont entouré depuis toujours la question de sa possibilité. La liberté entendue au sens pratique[4] est l'indépendance de l'arbitre[5] vis-à-vis de la contrainte exercée par les penchants de la sensibilité. [...]

On voit facilement que si toute causalité présente dans le monde sensible n'était que nature, chaque évènement serait déterminé par un autre dans le temps suivant des lois nécessaires, et que par conséquent, puisque les phénomènes, en tant qu'ils déterminent l'arbitre, devraient rendre nécessaire toute action comme la conséquence qui en

---

4. La liberté au sens pratique pour Kant, c'est la morale.
5. Entendu comme ayant la faculté de se déterminer de lui-même, indépendamment de la contrainte des impulsions sensibles.

résulterait naturellement, la suppression de la liberté transcendantale ferait disparaitre en même temps toute liberté pratique. Car celle-ci présuppose que, quand bien même quelque chose ne s'est pas produit, cela aurait dû pourtant se produire, et que sa cause dans le phénomène n'était donc pas à ce point déterminante qu'il n'y eût point dans notre arbitre une causalité qui fût à même de produire, indépendamment de ces causes naturelles, et même à l'encontre de leur puissance et de leur influence, quelque chose de déterminé dans l'ordre du temps selon des lois empiriques[6], par conséquent de commencer une série d'évènements tout à fait par soi-même.

KANT (Emmanuel), *Critique de la raison pure*, traduction d'Alain Renaut, Paris, GF-Flammarion, 2006, livre 2, chapitre 2, section 9, p. 495-496.

---

6. Lois relatives à l'expérience sensible que se chargent d'appréhender les sciences de la nature.

EXPLICATION ET ANALYSE DU TEXTE

LES DEUX SORTES DE CAUSES

La cause selon la nature

L'ordre du monde s'explique par **l'universalité des lois** qui le composent. Une pierre lancée depuis une falaise suivra irrémédiablement une trajectoire descendante déterminée par la loi de la pesanteur (ou loi de l'attraction). Cette loi nous est donnée par la répétition, et est recueillie par l'observation et le calcul scientifique.

La chaine des causes et des effets suivant les lois nécessaires et universelles de la nature caractérise le déterminisme : **les phénomènes sont liés entre eux de façon nécessaire**. En d'autres termes, tous les évènements du monde sont entièrement déterminés par des causes matérielles efficientes inscrites dans le temps et l'espace : le vent est la cause de la chute de la tuile ; le poids et la vitesse de la balle de golf sont les causes de la vitre brisée, etc. En somme, dans les mêmes conditions, les mêmes causes produisent les mêmes effets, et le monde dévoile son ordre à celui qui remonte et analyse la causalité, c'est-à-dire le rapport de cause à effet.

Kant reconnait évidemment l'existence de cette suite causale. Cependant, ce qui l'intéresse au début du texte, c'est **le problème du commencement de cette suite**. Il pose la question suivante, en s'appuyant sur le postulat de l'éternité de la cause : comment une cause ayant toujours existé peut-elle produire un effet qui surgit pour la première fois ? Cela n'est pas possible. Pourtant, il faut admettre, selon Kant, un commencement.

La cause par liberté

Grâce à la liberté, toute action peut naitre et s'insérer dans l'ordre du monde. En effet, Kant définit la liberté comme « le pouvoir d'inaugurer par soi-même un état ». **Est libre celui qui est capable de commencer**, c'est-à-dire celui qui est la cause du commencement d'un état. Le soleil tape fort, je me déplace à l'ombre pour éviter l'insolation : je change d'état en passant du soleil à l'ombre. La cause de mon déplacement est certes liée au soleil puisqu'il m'incite à aller à l'ombre. Cependant, le changement d'état n'est pas le fait du soleil, mais de ma liberté d'entreprendre ce déplacement.

Ainsi, **la cause par liberté échappe à la loi de la nature** gouvernant les phénomènes physiques inscrits dans le temps et l'espace. Elle **déclenche l'enchainement de causes et d'effets** par son pouvoir inaugural. Pourtant, notons que la causalité naturelle n'est pas absente de cet enchainement créé par la liberté, elle la détermine par sa manifestation physique : la liberté provoque mon déplacement, mais la nature impose ses lois à mon corps et à son environnement. Un problème fondamental se pose alors : **comment la liberté peut-elle exister si elle est soumise au déterminisme de la nature ?**

CETTE « PURE IDÉE TRANSCENDANTALE » QU'EST LA LIBERTÉ

Une pure Idée transcendantale

Kant indique que **les lois de la physique régissant le monde naturel ne s'appliquent qu'aux phénomènes sensibles**. Or **la liberté n'est pas un phénomène sensible**, car elle n'est ni l'objet d'une intuition ni l'objet d'une connaissance scientifique. La liberté est **une Idée**. Ainsi, elle se caractérise par le suprasensible, le métaphysique (*méta* désigne « ce qui est au-dessus »), ce qui signifie qu'elle échappe au déterminisme des phénomènes sensibles et, par conséquent, aux conditions du savoir scientifique. De plus, la liberté n'est pas une simple idée : elle est, selon Kant, **une Idée transcendantale**. Est transcendantal, dans la philosophie critique, tout ce qui se rapporte à la condition d'une expérience possible. Ainsi, la liberté est transcendantale puisqu'elle est la condition de la possibilité d'une action dans le monde sensible. En effet, elle conditionne des phénomènes physiques en favorisant des actions : je me déplace dans la rue par un acte volontaire issu de ma liberté.

Dans le système kantien, **la raison possède des principes à priori, conditions de l'expérience sensible** qui sont à la fois indépendants et antérieurs à celle-ci. Les principes à priori sont des règles produites par la raison pour régir notre expérience des phénomènes. Par exemple, le principe selon lequel « tous les changements se produisent d'après la loi de liaison de cause et d'effet » est d'après Kant un principe à priori, puisqu'il provient de la raison. Ce n'est pas l'expérience sensible qui donne la loi de causalité, mais la raison qui rend possible, avec ce principe, l'appréhension du phénomène de causalité. Ainsi, la raison possède la capacité de soumettre tous les phénomènes à ses propres principes. Capacité transcendantale, puisqu'elle est condition de possibilité d'accès à la connaissance du monde sensible.

La liberté est transcendantale en tant que principe façonné par la raison. Elle est donc une chose en soi, elle ne tire pas son existence du champ sensible, son existence ne s'appuie sur aucune donnée d'expérience. C'est pourquoi elle est également **dite « pure »**, à la différence de l'idée au sens classique, qui désigne ce par quoi la pensée se rapporte au réel.

> ## BON À SAVOIR
>
> **À priori** : dérivé du latin *prior* (premier), est dit « à priori » ce qui précède l'expérience ou en est indépendant. Chez Kant, c'est aussi ce qui rend possible la connaissance et en constitue l'élément formel.
>
> **Critique** : dans le système kantien, faire la critique de quelque chose ne consiste pas à la blâmer, mais à l'examiner de manière approfondie.
>
> **Raison pure** : la raison est pure en ce qu'elle est considérée en elle-même, indépendamment de tout élément d'origine empirique. Kant distingue la raison pure théorique et la raison pure pratique.

La force de la raison selon Kant

L'idée de liberté présente en outre la caractéristique d'être **spontanée**, c'est-à-dire de **surgir sans cause préalable** par la seule force de la raison. Kant montre ainsi le pouvoir de production de la raison : elle « se forge l'Idée d'une spontanéité capable de commencer par elle-même d'agir sans qu'une autre cause ait dû intervenir préalablement pour la déterminer à son tour à l'action suivant la loi de l'enchainement causal. »

L'être libre, ainsi, n'est pas qu'un phénomène (un être du monde sensible), mais il est également une chose en soi (un être indépendant du monde sensible). La raison dévoile l'inconditionné qui caractérise l'homme : la liberté. En effet, la liberté n'est pas conditionnée par la loi naturelle, elle est forgée par la raison, elle commence « par elle-même d'agir ».

LA RAISON AU FONDEMENT DE LA MORALE

D'une Idée transcendantale à une liberté pratique

En distinguant le phénomène de la chose en soi, Kant permet de penser l'existence de la liberté. Bien plus, il voit dans cette Idée transcendantale qu'est la liberté le fondement de son concept pratique.

Le caractère spontané de la liberté est propre à la chose en soi qui, selon Kant, correspond au côté inaccessible du suprasensible caché derrière le phénomène. Pourtant, **la liberté** se trouve être **accessible du fait de sa manifestation à la surface du monde des phénomènes**. Elle est cependant **suprasensible puisqu'elle se définit comme Idée transcendantale**.

Sa **double appartenance** – au sensible et à l'intelligible – entraine le concept de liberté dans le champ pratique du jugement moral. En effet, la liberté dévoile la chose en soi (intelligible) à travers les phénomènes (sensible), posant ainsi le problème pratique de l'antinomie de la raison pure. L'homme est alors défini comme un doublet sensible et intelligible où se noue la contradiction de sa nature. Ainsi, la liberté a la particularité d'être la clé de voute du système kantien, notamment dans son rapport avec la nécessité, où elle ouvre sur le champ pratique des actions humaines. La morale de Kant déployée dans *la Critique de la raison pratique* s'appuiera sur cette antinomie.

Échapper à la nature tout en y étant soumis

Les antinomies dans la *Critique de la raison pure* expriment les contradictions de la raison dans son effort pour penser l'inconditionné. La troisième antinomie, celle qui nous intéresse particulièrement, s'articule en thèse et en antithèse :

- **thèse** : « **La causalité qui s'exerce d'après les lois de la nature n'est pas la seule d'où puissent être dérivés les phénomènes du monde considérés dans leur totalité**. » (partie 2, division 2, livre 2, section 2, p. 442-443) ;
- **antithèse** : « **Il n'y a pas de liberté, mais tout dans le monde arrive uniquement d'après les lois de la nature**. » (*ibid.*)

Le problème de la troisième antinomie est celui-ci : comment penser la nécessité de la nature (conditionné) avec la liberté d'une volonté (inconditionné) ? Il y a contradiction dans les termes.

La solution vient de la séparation opérée par Kant du phénomène et de la chose en soi. Les objets dans l'espace et le temps sont à considérer comme des phénomènes dont la forme repose sur la structure de notre raison. Autrement dit, c'est la raison, par son architecture, qui offre la possibilité d'avoir l'intuition des phénomènes. La connaissance objective des choses n'est possible que dans l'adéquation de l'esprit et de la chose. La raison permet de penser le phénomène. Ce dernier permet d'accéder à l'intelligibilité de la raison. Ainsi, selon le point de vue que l'on adopte – celui de la **nécessité** du monde des phénomènes ou de la **contingence** des choses en soi – l'antinomie n'a plus lieu d'être puisque les deux propositions sont justes. La liberté échappe à la nature en tant que chose en soi, mais y est soumise en ce sens qu'elle manifeste son existence dans le monde des phénomènes. Comme le souligne Kant, « la suppression de la liberté transcendantale ferait disparaitre en même temps toute liberté pratique. » Liberté et nécessité coexistent, elles sont conciliables.

L'indépendance, une caractéristique proprement humaine

Nous avons vu plus haut l'inconditionné qui caractérise l'homme, la liberté. Cet inconditionné révèle **l'indépendance** de l'homme face au monde sensible. La liberté pratique manifeste la liberté transcendantale dans le monde phénoménal. Le déplacement que j'opère sous la chaleur du soleil pour me mettre à l'ombre n'est pas une nécessité. Je peux tout à fait rester au soleil si j'estime que la chaleur est supportable. La cause du déplacement ou du repos n'est pas le soleil, mais l'Idée de liberté offrant la possibilité du choix. La prise du choix et l'action sont la manifestation de la liberté sous sa forme pratique donc phénoménale. Kant exprime ceci à la fin du texte :

Quand bien même quelque chose ne s'est pas produit, cela aurait dû pourtant se produire, et que sa cause dans le phénomène n'était donc pas à ce point déterminante qu'il n'y eût point dans notre arbitre une causalité qui fût à même de produire, indépendamment de ces causes naturelles, et même à l'encontre de leur puissance et de leur influence, quelque chose de déterminé dans l'ordre du temps selon des lois empiriques, par conséquent de commencer une série d'évènements tout à fait par soi-même.

Le repos face au soleil n'exprime pas une absence de liberté. La chose qui ne s'est pas produite (en l'occurrence, le mouvement) aurait dû se produire si la cause naturelle était absolument déterminante. Or, elle ne l'est pas. Elle est relative à **l'arbitre** (sujet sensible et libre) qui détermine si oui ou non il opère le déplacement, indépendamment des causes naturelles. L'indépendance de l'arbitre vis-à-vis des penchants de la sensibilité constitue précisément la spécificité distinguant l'homme de l'animal, soumis entière- ment à l'ordre naturel du monde. Ses instincts, ses réflexes ne sont pas condamnables selon Kant puisqu'il ne possède pas la liberté. À l'inverse, l'homme, dans son pouvoir d'in- dépendance face aux penchants de la sensibilité, témoigne

de sa liberté et engage en même temps la responsabilité de
ses actions dans un monde non pas uniquement naturel,
mais également historique et moral.

CONCLUSION

Le texte étudié ouvre le champ de la morale dans la philosophie kantienne et exprime la continuité existante entre l'intérêt spéculatif et l'intérêt pratique de la raison. Dans la *Critique de la raison pratique*, l'analyse de la liberté sera reprise et développée à partir de la troisième antinomie de la raison pure. La *Critique de la raison pure* apparait alors comme un édifice destiné à redéfinir la morale et non pas simplement à endiguer les prétentions de la raison.

La loi morale de l'impératif catégorique kantien, définie dans sa philosophie pratique, est une loi de la causalité par liberté. La pure Idée transcendantale de liberté est au fondement de la morale et nous donne la loi de notre existence intelligible, entendue comme spontanéité et causalité du sujet. La liberté kantienne caractérise l'homme comme une chose en soi ayant une activité spéculative de recherche de la connaissance couplée à un but pratique visant l'action morale. Elle est la clé de voute de l'édifice philosophique critique de Kant.

Votre avis nous intéresse !
Laissez un commentaire sur le site de votre librairie en ligne
et partagez vos coups de cœur sur les réseaux sociaux !

POUR ALLER PLUS LOIN

- DELEUZE (Gilles), *La philosophie critique de Kant*, Paris, PUF, 2004.
- EISLER (Rudolf), *Kant-Lexikon*, édition établie et augmentée par Anne-Dominique Halmès et Pierre Osmo, Paris, Gallimard, 1994.
- KANT (Emmanuel), *Critique de la raison pure*, traduction d'Alain Renaut, Paris, GF-Flammarion, 2006.

Rendez-vous sur lepetitphilosophe.fr et découvrez :

Plus de 1200 analyses
Claires et synthétiques
Téléchargeables en 30 secondes
À imprimer chez soi

ISBN version numérique : 978-2-8062-4551-9
ISBN version papier : 978-2-8062-4627-1
Dépôt légal : D/2017/12603/550

Schémas réalisés par Alberto Molina Pérez, doctorant en philosophie des sciences (Université Paris I-Panthéon-Sorbonne)

Conception numérique : Primento,
le partenaire numérique des éditeurs.

Made in the USA
Monee, IL
07 July 2026

56550253R00017